# 치마가 짧기
# 때문이라고요?

카투닝 포 피스 | 김희진 옮김

작가에게 저작권이 있는 카툰

**p. 20** ⓒ Dorthe Landschulz  **p. 27** Parfum de femme ⓒ Selçuk Demirel, 1988, Paris
**p. 52-53** ⓒ Monim Hamza  **p. 72** ⓒ Victoria Lomasko  **p. 78-79** ⓒ Toshiko
**p. 106-107** ⓒ Geluck.

그 외 모든 작품
ⓒ Cartooning for Peace

**PLACE AUX FEMMES**
by Editions Gallimard Loisirs / Cartooning for Peace
Copyright © Editions Gallimard Loisirs / Cartooning for Peace, Paris, 2017
Korean translation copyright © Gimm-Young Publishers, Inc., Seoul, 2018
All rights reserved.

This translation is published by arrangement with Gallimard Loisirs,
Paris through Sibylle Books Literary Agency, Seoul.

이 책의 한국어판 저작권은 시빌 에이전시를 통한 저작권사와의 독점 계약으로 김영사에 있습니다.
저작권법에 의해 한국 내에서 보호를 받는 저작물이므로 무단전재와 무단복제를 금합니다.

| 차례

서문 **여성 만세!** 6

**여성과 그 육체** 16
**모성과 성** 26
**폭력** 38
**종교** 56
**정치 참여** 70
**직장 생활** 76
**학교 교육과 해방** 88
**평등** 98
**가부장제** 118

찾아보기 122

| 서문

**엘리자베트 바댕테르**

# 여성 만세!

♀ 신이 내린 저주로 이브와 그 후손들은 해산의 고통을 겪어야 하는 운명을 짊어지게 됐다. 우리는 고통을 받아들이면서도, 신이 여성에게 내려주었지만 남성에게는 없는 마술적인 힘은 과소평가했다. 바로 재생산의 힘이다. 그러한 힘에서 배제된 것을 질투한 나머지, 남성은 이내 여성의 육체를 탈취해 그 주인이자 소유자가 되었다. 여성의 육체를 마음대로 휘두르고 여성이 제 육체를 자유로이 행사하는 것을 막기 위해서라면 남성의 상상력에는 한계가 없었다. 제 이마에서 땀을 흘려 가며 노동하여 타인의 아이를 부양한다는 것은 남성에게 견딜 수 없는 일이었고, 제 것으로 삼은 육체를 타인이 향유한다는 생각은 남성을 미치게 했다. 자유를 되찾으려 하리라 언제나 의심받았기에, 여성은 어떤 곳에서는 얼굴과 육체의 형태를 가린 채 살아갈 것을 강요받았다. 마치 유령처럼, 눈에 보이지 않도록. 더욱 잔혹한 어떤 이들은 다른 곳으로 눈을 돌리려는 욕망을 아예 금지하기 위해 클리토리스의 일부를 잘라낼 것을 강요하기까지 했다.

몇천 년 동안, 일부 예외는 있겠지만 전 세계 남자들은 암묵적인 동의하에 신이 내린 두 번째 저주를 글자 그대로 적용했다. '남편에게 순종하라.' 여성은 자신이 낳는 아이처럼 미숙한 존재로 취급받았다. 인류의 타락에 책임이 있으니 침묵과 순종을 강요하는 것쯤이야 최소한의 조치였다. 신체적 우월함을 악용하여 여성을 학대하는 이들이 있는가 하면, 여성을 사랑하는 이들도 있었으나 여전히 여성이 남성보다 신체와 정신이 열등하다는 생각을 품었다. 몇 세기 동안이나 우리는 '나약함'을 여성의 주요 특징처럼 말해 오지 않았던가?

그리스 철학자들이 여기에 무거운 층을 한 겹 더했음을 짚고 넘어가야 한다. 성경 한참 이후 아리스토텔레스는 여성이 형이상학적이고 지적인 면에서 열등하다는 이론을 세우고 정당화했다. 성性을 규정하는 끔찍한 이원론인 '형상과 질료'를 빌려서였다. 창조적 지성은 남성의 몫이며 남성을 신과 연결시키고, 질료는 여성의 몫이며 여성을 신으로부터 멀어지게 한다. 여성은 아이를 낳는 데만 쓸모가 있고, 그 점에서 동물성과 사유할 줄 모르는 존재들과 결부된다. 연약하고 나약하기에 여성은 존재들의 층위에서 한참 낮은 곳에 위치한다. 이는 극도의 모욕이다.

아리스토텔레스 이래 바로 어제까지, 철학자들은 여성의 본성에 대해 수많은 헛소리를 했다. 성평등을 주장한 비타협적인 투사였던 친애하는 콩도르세를 제외하면, 계몽주의 시대의 남자들은 여성을 거론할 때면 오래 묵은 편견들로 두뇌 상태가 심히 흐려졌음을 인정해야만 한다. 다들 당대 가장 총명한 여성들과 친분을 나누었음에도, 고대인의 신조를 계속해서 우물우물 늘어놓았다. 볼테르는 남성의 신체적이고 지적인 우월함을 또다시 단언했다. 디드로는 여성을 음험한 존재로, 잔혹한 복수를 일삼고 성기와 그 유일한 열정에 지배당하는 존재로 보았다. 마지막으로 루소는 이 모든 것에 쐐기를 박으며 여성은 수녀원의 수녀처럼 집 안에 갇혀 있어야 한다는 결론을 내렸다.

한층 세련된 발언을 내세웠으나 한쪽 눈은 멀었다는 점은 나아지지 않은 19세기와 20세기의 사상가들은 성별의 상호 보완 이론을 받아들였다. 한쪽 성에는 다른 성에게 없는 것이 있다. 남성은 강하며, 정복자이자 창조자이다. 여성은 어머니이며, 가족에게 헌신하고 틀에 박혀 있다. 남성은 전사이고 여성은 평화주의자이다. 각자 저마다의 지위와 역할이 있으며, 이는 모두 자연이 부여한 것이다. 뻔뻔하게도 그들은 그것이 차이 속 평등이라는 완벽한 모델이라 주장했다. 돌봄care의 철학 이론을 연구한 미국 페미니스트들조차 이 남성우월주의적 관점을 인정하고, 자신들이 거기에서 결정적인 발견을 했다는 확신에 사로잡혔다. 사실 이는 전통적인 여성성의 미덕들

**세실 베르트랑** Cécile Bertrand (벨기에)

을 과소평가함으로써 남성에게 지나친 중요성을 부여한다는 비난을 받았던 보부아르적 사유의 폐기에 불과했다.

이렇게 말할지도 모르겠다. 천 년에 걸친 이 오래된 논쟁과, 다섯 대륙에 걸쳐 활동하는 단체 '카투닝 포 피스Cartooning for Peace'의 그림들이 무슨 관계가 있는가? 이곳저곳에서 남성 권익의 대단한 진보가 이루어졌음에도 불구하고, 여성의 가치와 지위에 대해서는 여전히 의문이 제기된다. 남성들은 언제나 악착같이 저들의 이익

크롤 Kroll (벨기에)

과 특권을 수호하려 든다. 재생산의 힘에 맞서, 그들은 정치적·경제적·지적 권력으로 응수한다. 자유를 위해 투쟁하는 만화가들은 그리하여 여성의 편에 서서 참여하기로 결심했다. 그들 최고의 무기, 이중의 방아쇠를 지닌 충격적인 이미지를 이용하여 말이다. 우리는 처음에는 웃거나 동요하고, 그다음에는 생각에 잠긴다. 가벼운 주제에서 비극적인 주제에 이르기까지, 작가들은 몇몇 남자의 모순, 기만, 혹은 잔혹함을 강조한다. 북반구에서 가장 빈번히 시빗거리가 되는 것은 여성의 지성이다. 남반구에서는 여성의 육체와 정신이 동시에 비난의 표적이다.

가장 가소로운 짓, 다시 말해 국제 여성 인권의 날을 떠들썩하게 기념하는 것부터 시작해 보자. 모든 종류의 성적 폭력과 불평등 고발을 의의로 하는 3월 8일 여성의 날은 농담거리에 불과하며 나는 아직도 이 날이 진지하게 받아들여진다는 게 놀라울 뿐이다. 거창하게 고발의 날을 정하고 '내 탓이오'를 늘어놓아 보아야 아무것도 바뀌지 않는다. 3월 9일부터 사람들은 모두 잊고 가던 길을 계

나니 Nani (콜롬비아-에스파냐)

속 간다. 나는 인류의 절반이 완벽한 위선과 겹쳐진 그러한 거만함으로 다루어진다는 것은 모욕적이라 받아들인다. 세실 베르트랑(9쪽)과 플랑튀(87쪽)의 그림은 둘 다 내 말뜻을 잘 보여준다.

직장, 탁아소, 애착육아, 슈퍼마켓, 청소, 요리, 다림질은 대부분의 여성이 공통으로 짊어진 짐이다. 이런 마당이니 여성에게는 직업적 야망이 없으며, 따라서 남성 동료들과 동일한 임금도 동등한 승진도 요구할 수 없다고 주장하기에 대단히 유리하다. 아이가 생기는 순간부터, 남성과 여성의 직업 행로는 갈라진다. 남성은 꺾이지 않는 기세로 계속 나아가며, 흡사 날개를 단 듯하다. 여성은 등에 짐을 한가득 지고 꽁지에 불이 붙은 동물처럼 내달린다. 크롤(10쪽), 나니(11쪽), 베네딕트(77쪽), 바도(82~83쪽)의 그림은 어떤 통계자료보다 그 점을 생생하게 나타낸다.

북반구 여성이 남반구 여성보다 당연히 더 나은 대우를 받는다고 생각할 수도 있다. 50년 동안, 북반구 여성은 다른 지역 여성이 접하지 못한 권리들을 획득했다. 그럼에도, 얼마 전부터 구시대의 관

리베르 Riber (스웨덴)

습과 종교가 기세를 되찾고 있음을 보게 된다. 남성 권력은 북반구에서도, 남반구에서도 아직 포기하지 않았으며, 가슴에 손을 얹고 부정한다 한들 그 사실은 달라지지 않는다. 몇십 년 전만 해도 아프가니스탄 카불의 여성들은 짧은 치마를 입고 거리를 활보했고 대학 진학률도 높았다. 도시의 이란 여성들은 맨머리로 다녔고 서구적인 방식으로 생활했다. 별안간 탈레반이 아프가니스탄 여성들을 부르카의 감옥 안에 가두었고, 아야툴라 호메이니가 이란 여성들을 머리카락 한 올도 빠져나와서는 안 되는 음침한 검은 옷 안에 가두었다. 거

스르는 이들은 채찍형으로 위협했다. 이슬람 율법인 샤리아가 엄격히 적용되는 시대였다. 여성들의 생활 방식은 몇 주 만에 10세기가 넘는 세월을 훌쩍 퇴보했다.

심지어 민주주의 국가들 한복판에도 오늘날 무슬림 출신 여성에게 이슬람 제복을 강요하는 지역들이 있다. 다양한 종교 교파의 압력 때문에 그녀들은 미니스커트에서 히잡으로 대거 회귀했다. 스웨덴 작가 리베르(12쪽)의 그림에서 보듯, 이제는 머리칼이나 가슴골, 맨다리를 드러내는 것은 생각도 할 수 없으며 이에 순응하지 않는 여성은 어떤 이들로부터는 매춘부로, 어떤 이들로부터는 저항군으로 취급받는다. 극렬 광신자들이 가하는 이러한 압력의 관건은 여성의 육체에 대한 소유권을 되찾으려는 것이다. 그러나 이 목표를 좇는 것은 이슬람교도들만이 아니다. 폴란드, 에스파냐, 미국, 프랑스에조차 그런 이들이 있으며, 낙태의 권리를 다시 문제 삼거나 시술에 제약을 가하고자 한다. 교황조차 교리를 유연하게 적용하려 하는 마당에, 기독교 교리를 내세우면서 말이다. 그러니 반동주의와 남성우월주의 세력은 페미니즘이 탄생한 바로 그곳인 우리의 땅에서 아직 숨이 끊어지지 않은 셈이다. 우리는 다음과 같은 경고를 했던 시몬 드 보부아르의 통찰력에 찬사를 보내야 한다. "여성의 권리들은 결코 확고하게 획득되지 않았음을 잘 알아 두라. 정치적·경제적 혹은 종교적 위기가 발생하는 것만으로 여성의 권리들에 의문이 제기되기에 충분하다."

이 슬픈 대차대조표를 마무리하려면 두 가지 추악한 행위를 특별히 강조하고 넘어가야 한다. 첫 번째는 이슬람 국가에서 간통을 저지른 여성을 돌로 쳐 죽이는 것이다. 현재는 거의 시행되지 않기는 하나, 투석형은 이란과 소말리아뿐만 아니라 사우디아라비아, 파키스탄, 나이지리아 북부에서 여전히 합법이다. 고작 20년 전만 해도 아

**플랑튀** Plantu (프랑스)

프가니스탄의 탈레반은 지역 주민들을 선도하기 위해 투석형을 의무적인 구경거리로 삼았다. 종교에서 기원한 이 잔혹한 법이 오늘날 적용되지 않는다고 해서 완전히 폐지된다는 보장은 어디에도 없다(42~43쪽, 44쪽). 여성에게 저질러지는 또 하나의 비열한 만행은 법이 아니라 조상 대대로 전해진 것으로, 특히 아프리카 동부에서 상당히 널리 이루어진다. 바로 여성할례다. 여성할례란 클리토리스의 일부 혹은 전부를 절제하는 것인데, 때로는 소음순까지 절제하기도 한다. 세계보건기구의 추산에 따르면 전 세계에서 1억 3,000명의 소녀가 여성할례를 받았으며 매년 300만 명이 새로 할례를 받는다. 그러한 지역 출신으로 여성할례가 범죄에 해당하는 나라에 정착한 일부 이주민들은 비밀리에 딸들에게 할례를 지속한다. 프랑스에는 몇만 명에 달하는 할례받은 여성이 있다. 그들은 성적 쾌락을 금지 당했고 분만할 때는 끔찍한 고통을 겪는다. 가슴 아픈 예시가 많다. 우리는 플랑튀(14쪽)의 그림을 보며 마지못해 웃고, 수단 작가 모님 함자(52~53쪽)의 그림을 보면서는 몸서리치고, 분만하러 온 여성 중 14퍼센트가 여성할례를 받았다는 생드니 들라퐁텐 병원의 통계자료에 대해 곰곰이 생각하게 될 것이다.

사뭇 기운 빠지는 이 서문을 마무리하며, 한편에서는 조롱을, 다른 한편에서는 위협을 받으며 한 세기 넘게 투쟁을 이끌어 온 전 세계의 모든 페미니스트에게 어찌 우리의 감사와 경탄을 표하지 않을 수 있겠는가? 오늘날까지도 여전히, 그중 많은 이가 공개적인 발언을 하려면 감옥에 가거나 목숨을 잃을 위험을 무릅써야 한다. 그녀들의 대의가 정당하다고 확신하며 성의 민주주의가 주는 이점을 믿는 일부 남성들이 도움을 줄 수도 있다. 그러나 그러한 남성은 대부분의 나라에서 아직 소수에 불과하며 더욱이 어떤 나라에는 존재하지조차 않는다. 그것이 현실이다. 그렇기에 더더욱, 재능을 무기로 여성의 대의를 위한 싸움에 뛰어든 여성과 남성 만화가 모두에게 깊이 고개 숙여 경의를 표한다. 하지만 주의해야 한다. '여성 만세!'가 '남성 타도!'는 아니다.

엘리자베트 바댕테르 Élisabeth Badinter

# 여성과 그 육체

✏️

"우리 모두가 우리 육체와
똑같은 관계를 지니고 있지는 않다.
이는 원칙의 문제다 :
개인적 자유라는 원칙."

엘리자베트 바댕테르

나니 Nani (콜롬비아-에스파냐)

**18** 치마가 짧기 때문이라고요?

**아레스** Ares (쿠바)

도르테 란트슐츠 Dorthe Landschulz (독일)

22    치마가 짧기 때문이라고요?

**플랑튀** Plantu (프랑스)

le choc des cultures

**24**　치마가 짧기 때문이라고요?

**윌리스 프롬 튀니스** Willis from Tunis (튀니지)

# 모성과 성

✎

"여성들의 다양성과
그들의 욕망을 인정해야 한다.
그렇지 않으면 큰 대가를 치르게 된다."

엘리자베트 바댕테르

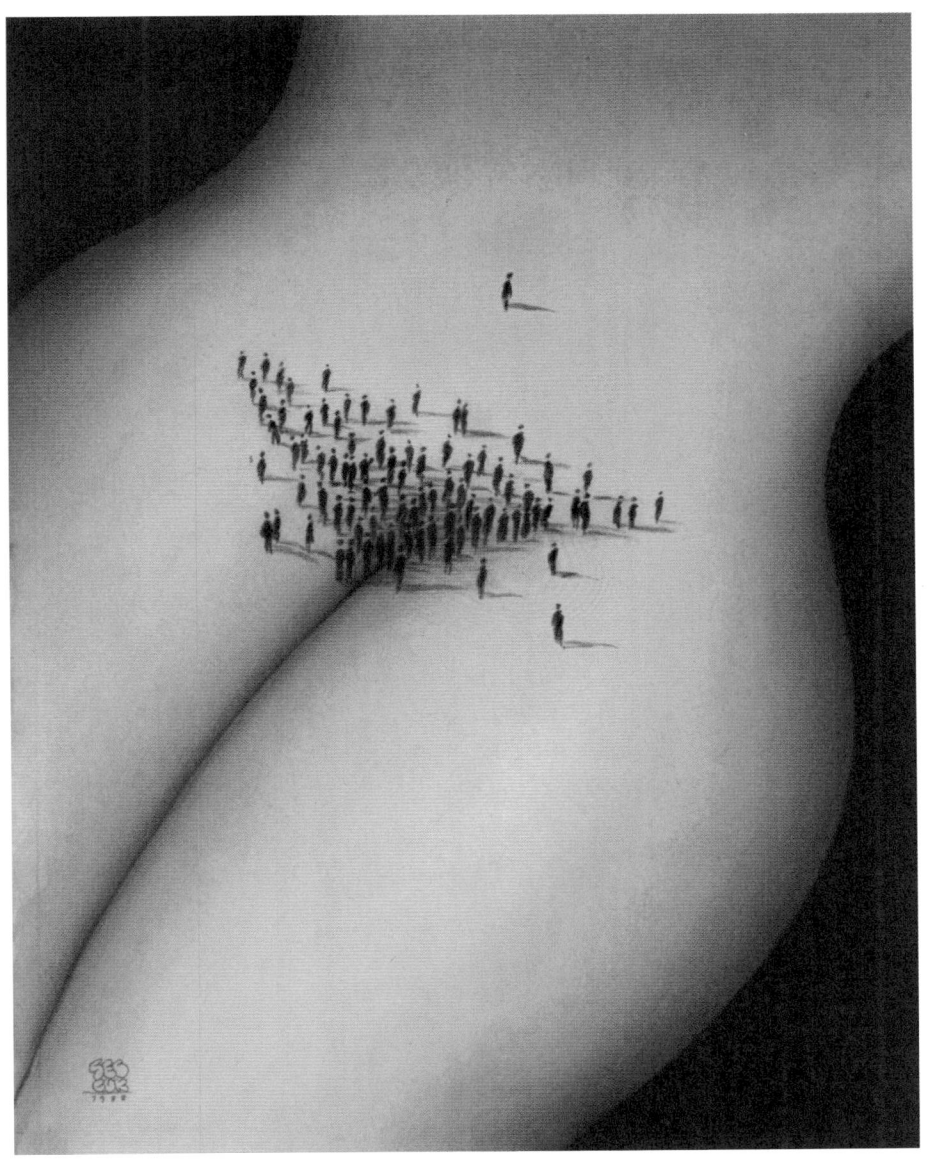

셀쉬크 드미렐 Selçuk Demirel (프랑스)

## 에스파냐의 낙태 관련 퇴보

2014년, 에스파냐 마리아노 라호이 총리의 보수파 정부는 마침내 '낙태 금지법' 입법을 포기했다. 그러나 이후 부모의 동의 없는 미성년자 인공임신중절은 전면 금지되었다.

르브뉘 Revenu (프랑스)

"피임이 실패할 수도 있고,
피임약 복용을 깜빡 잊을 수도 있다…
낙태를 꼭 해야 하는 상황,
낙태가 결코 안일한 해결책이 아닌 상황은
무수히 많다."

엘리자베트 바댕테르

피루제의 말에 귀 기울여 보자. "의학적인 문제로 임신할 수 없는 여성들은 종종 아이를 갖기 위해 대리모의 도움을 받아왔다. 그러나 이란에서는 그런 행위로 일어날 수 있는 종교 교리적 문제들을 해결하기 위해, 남자가 임신 기간 동안 대리모와 임시로 결혼해야 한다. 그래야 대리모 여성에게 죄가 되지 않기 때문이다. 남의 아이를 대신 잉태하는 여성들은 보통 몹시 가난하고, 과부이거나 이혼한 몸이며 장차 부모가 될 이들로부터 임신 9개월 동안 도움을 받는다. 아기를 낳고 나면 그녀들에겐 아이에 대한 권리가 전혀 없다."

**피루제** Firoozeh (이란)

치마가 짧기 때문이라고요?

크리스티나 Cristina (포르투갈)

2010년은 경구 피임약이 탄생한 지 50주년 되는 해였다. 미국은 1960년 최초로 경구 피임약을 상용화한 나라였다. 7년 뒤 프랑스에서도 경구 피임약을 구할 수 있게 되었다.

**윌리스 프롬 튀니스** Willis from Tunis (튀니지)

"동성 간의 결혼과 입양,
여성 부부끼리의 인공 수정의 문이 열린다면
모든 형태의 결합과 가족 공동체가
제도권에서 거부해온 인정과
보호를 얻을 수 있게 될 것이다."

엘리자베트 바댕테르

베네딕트 Bénédicte (스위스)

믹스 & 리믹스Mix & Remix (스위스)

# 매춘이 곧 금지된다고?

"…마지막으로 한 판 안 하실래요?…"

# 폭력

✏️

"우리는 '젠더 폭력'에 대해 말할 것이 아니라
'더욱 강력한 권리'를 말해야 한다.
남성과 여성 모두, 지배적인 위치에 서면
가해자가 될 수 있다."

엘리자베트 바댕테르

폭력 39

아레스 Ares (쿠바)

피루제|Firoozeh(이란)

폭력 43

가토 Gatto (이탈리아)

지오 Jiho (프랑스)

**46** 치마가 짧기 때문이라고요?

**베네딕트** Bénédicte (스위스)

"이 그림은 현실 부정에 초점을 맞춘다.
여기서 법정은 무관심하고,
음흉하게 웃고 있으며
흥분하기조차 한 듯하다…"

엘리자베트 바댕테르

## 치마가 짧기 때문이라고요?

성차별 | 문맹 | 뿌리뽑힘
착취 | 비참 | 여성할례 | 폭력
매춘 | 강간 | 남성우월주의
학대 | 순종
비위생 | 착취

글레즈 Glez (부르키나파소)

1

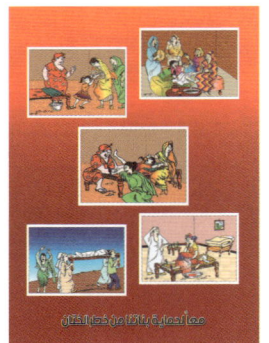

"함께 우리의 딸들을 여성할례의 위험으로부터 지킵시다." 수단 작가 모님 함자는 2007년 국제 여성의 날을 기념하여 이 교육용 포스터를 그렸다. 포스터는 수단과 이집트에 배포되었다. 이처럼 여성할례에 반대 입장을 표명한 일로 수단에서는 특히 이슬람주의자들과 일부 정부 인사들을 중심으로 논쟁이 일었다. 무장 단체 안사르 알 수나가 그가 기고하는 신문 〈나브 엘카리카티르〉의 편집실에 들이닥쳤다. 함자는 다행히 제때 몸을 피했다.

**모님 함자** Monim Hamza (수단)

폭력 53

2

3

4

5

# 아랍식 예절

앤 텔내스 Ann Telnaes (미국)

# 종교

"종교는 오늘날까지도 여성에게 부차적인 위치, 남성보다 열등한 위치에 순응할 것을 요구한다. 남성이 신에 복종하듯 여성은 남성에게 복종해야 한다."

엘리자베트 바댕테르

종교 57

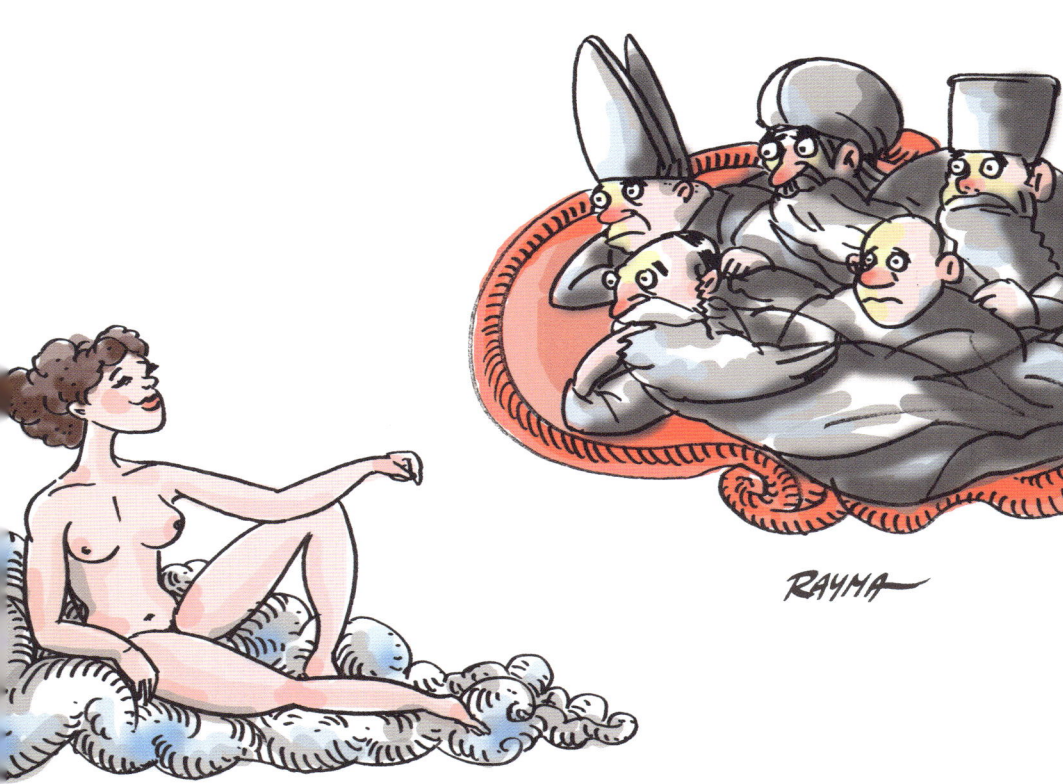

라이마 Rayma (베네수엘라)

치마가 짧기 때문이라고요?

**가토** Gatto (이탈리아)

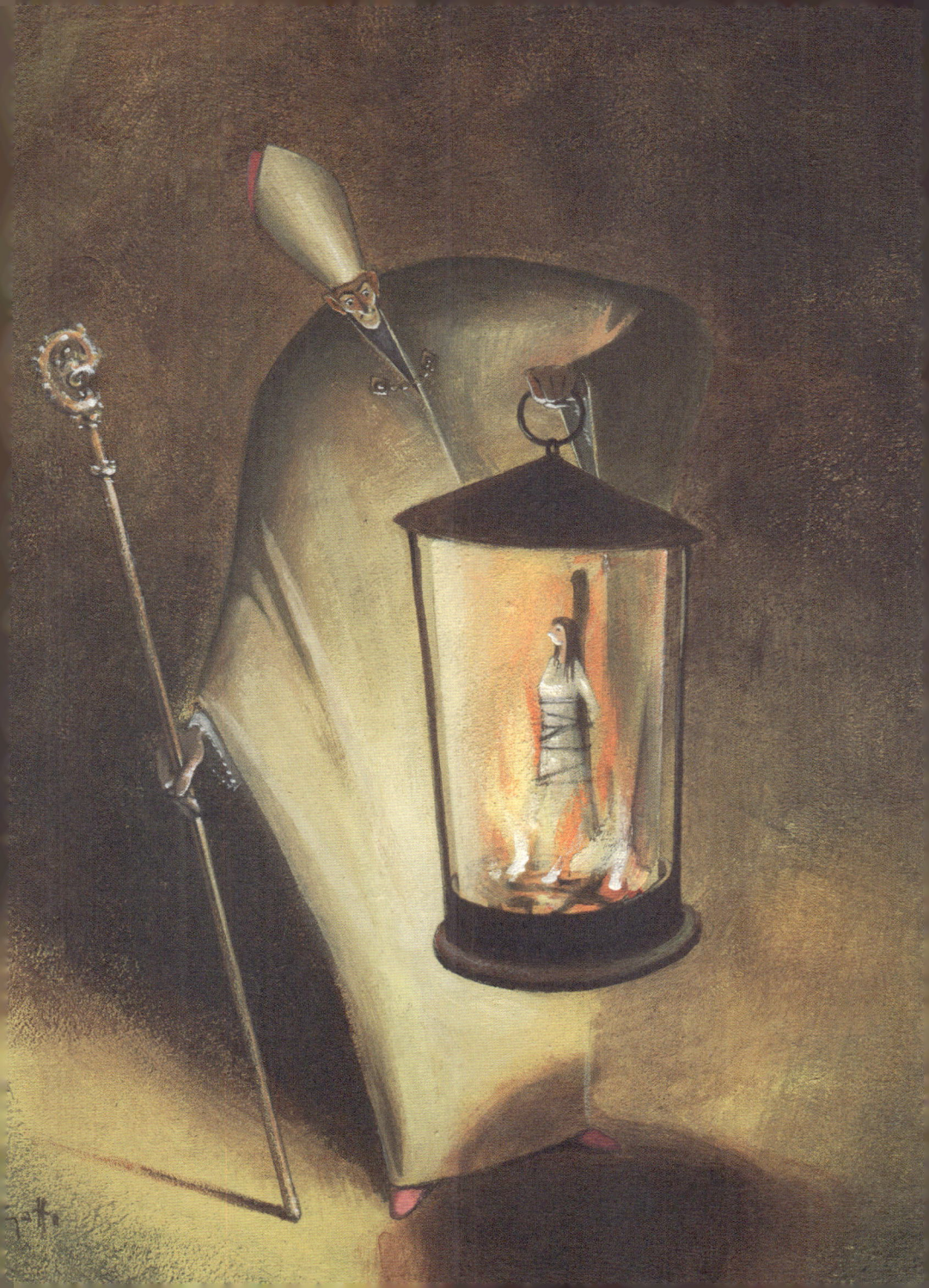

하데러 Haderer (오스트리아)

"성경이나 쿠란을 본보기로 삼는다면
여성 해방과 성평등은 이뤄질 수 없다.
정치가 종교보다 우선시되는
세속 국가에서 우리는 신의 법이 아니라
국민 의회의 법을 받아들인다.
여성 해방은 어느 정도의
세속주의 없이는 불가능하다."

**엘리자베트 바댕테르**

리베르 Riber (스웨덴)

조르주 쇠라의
〈아스니에르의 물놀이〉의 모작.

**라이마** Rayma (베네수엘라)

종교 65

2016년 여름 프랑스에서는 공공장소에서 부르키니 착용에 대한 논란이 여러 차례 발생했다. 일부 시에서는 부르키니를 금지하기까지 했다. 니스의 어느 해변에서 베일을 쓴 여성이 경찰에게 검문을 당하면서 논란에 다시 불이 붙었다. 마침내, 8월 26일 최고행정재판소는 부르키니 착용 금지를 중단한다는 결정을 내렸다.

**하데러** Haderer (오스트리아)

## 68 치마가 짧기 때문이라고요?

키츠카 Kichka (이스라엘)

# 정치 참여

*"정치에서, 우리는 남성 권력의 독점에서 간신히 벗어났을 뿐이다."*

엘리자베트 바댕테르

루Loup (프랑스)

72  치마가 짧기 때문이라고요?

СВОБОДУ ЗАКЛЮЧЕННЫМ. ПОЗОР РПЦ.

"죄수들을 석방하라! 러시아 정교는 부끄러운 줄 알라!" 푸시 라이엇은 여성들로 이루어진 러시아 펑크 밴드다. 2012년 2월, 푸시 라이엇은 모스크바의 구세주 그리스도 대성당에서 즉흥적으로 '펑크 기도'를 공연했다. 푸틴 대통령과 정교회의 지나친 권력을 비판하는 내용이었다. 멤버 중 두 명, 나데즈다 톨로코니코바와 마리아 알레키나는 징역 2년을 선고받았다. 2013년 12월 이들은 특별사면되었다.

빅토리아 로마스코 Victoria Lomasko (러시아)

# 페멘은 더욱 강경한 투쟁을 약속합니다

페멘은 2008년 우크라이나에서 탄생한 페미니스트 단체다. 이들은 가슴을 드러내고 시위하는 것으로 유명하며, 부패, 매춘, 종교의 영향력과 맞서 투쟁한다.

**믹스&리믹스** Mix & Remix (스위스)

사우디아라비아는 세계에서 유일하게 여성에게 운전할 권리가 없는 나라였으나, 2018년 6월 24일부터 여성 운전이 법적으로 허용되었다.

**샤파트** Chappatte (스위스)

# 사우디아라비아에서 여성에게 투표권이 부여되다.

2011년부터, 사우디아라비아 여성들은 투표권과 선거에 나갈 수 있는 권리를 얻었다. 여성들은 2015년 지방 선거에서 이 권리를 행사했다.

티뉴스Tignous (프랑스)

# 직장 생활

✏️

"저임금을 받고, 휴지조각처럼
쓰다 버려지기 일쑤인 여성들은
특히 아이가 생기면 대단한 스트레스를 받는다.
가장 약하거나 가장 힘든 형편에 처한
여성들은 이런 생각이 든다.
'싸워 봐야 뭐해, 그냥 집에 있는 게 낫겠어.'"

엘리자베트 바댕테르

베네딕트 Bénédicte (스위스)

직장 생활 79

도시코 Toshiko (일본)

# 여자 다섯 명 중 한 명은 남자보다 더 잘 벌죠.

하지만 안심하십쇼, 그래도 같은 직위의 남자보다는 못 번답니다.

티뉴스 Tignous (프랑스)

절 고용하려는 이유가 싸기 때문인가요, 제가 인재이기 때문인가요, 아니면 싸게 쓸 수 있는 인재이기 때문인가요?

도넬리 Donnelly (미국)

**바도 Vadot** (벨기에)

"대단히 부당한 일이다.
여성이 자신의 말을 받아들여지게 하려면
일종의 성적 중립성을 띠어야 한다.
예를 들어 힐러리 클린턴이나
앙겔라 메르켈처럼."

**엘리자베트 바댕테르**

직장 생활 85

**볼리간** Boligán (멕시코)

86　치마가 짧기 때문이라고요?

**플랑튀 Plantu**(프랑스)

# 학교 교육과 해방

✏️

"학교는 소녀들을 해방시키는 강력한 무기다.
우리가 학교에 가는 것은 이성을 계발하고
스스로의 힘으로 생각하며
자주적인 사고를 발전시키기 위해서다."

엘리자베트 바댕테르

플랑튀 Plantu (프랑스)

학교 교육과 해방  91

파키스탄의 밍고라에서 태어난 말랄라 유사프자이는 BBC 사이트에 굴 마카이라는 필명으로 파키스탄 초등학생의 일기를 연재했다. 말랄라는 고향에서의 생활을, 탈레반의 폭력으로 여학생들이 학교에 다니는 일이 금지된 현실을 이야기했다. 이내 그녀의 활동과 결단력은 파키스탄 당국의 관심을 끌게 되었고 2011년 정부는 파키스탄 청소년 평화상을 수여했다. 2012년 10월 9일, 말랄라는 학교에 나타난 한 남자에게 총격을 당해 중상을 입고 영국의 버밍엄 병원으로 긴급 후송되었다. 기나긴 회복을 거치고 2013년 7월 12일 유엔 본부에 나와 소녀들에게 있어 교육 기회의 중요성에 대해 연설을 했고 박수갈채를 받았다. 2014년, 그녀는 노벨 평화상을 수상했다.

피스메스트로비치 Pismestrovic (오스트리아)**가 본 말랄라**

## 나이지리아에서는 보코 하람의 기세가 등등하다.

2014년, 테러 단체 보코 하람은 나이지리아 동북부 치복의 한 학교에서 여학생 270명을 납치했다.

**딜렘** Dilem (알제리)

94 치마가 짧기 때문이라고요?

**윌콕스 Wilcox** (오스트레일리아)

# 이슬람 근본주의를 위협하는 최대의 적

2016년 터키에서 미성년자 성폭행 가해자가 피해자와 결혼하면 유죄 판결을 무효화하는 법안이 1차 심의에 부쳐졌다. 이 법안을 두고 논란이 벌어지자, 총리는 법안을 철회했다.

**로드리게스** Rodriguez (멕시코)

# 평등

✎

"평등으로 가는 길은
인간으로서 우리를 묶어 주는 것,
그 공통점에
등불을 비추는 것이다."

엘리자베트 바댕테르

카트린 보네즈 Catherine Beaunez (프랑스)

> "보부아르는 보편주의자였다.
> 남성과 여성의 상호 보완 방식을 거부했지만
> 이 이론으로 나중에 회귀했다.
> 나는 오늘날엔 소수파이지만
> 그녀의 모델을 따른다."
>
> 엘리자베트 바댕테르

# 사르트르-보부아르: 세기의 다툼

시몬 드 보부아르는 그 유명한 《제2의 성》을 1949년에 썼다. 이 책에서 보부아르는 페미니즘과 여성이 처한 조건에 대한 20세기의 가장 중요한 분석들을 제시했다. 그녀와 장폴 사르트르는 인생의 동반자였다.

**르브뉘** Revenu (프랑스)

치마가 짧기 때문이라고요?

**나르디** Nardi (이탈리아)

평등 103

104    치마가 짧기 때문이라고요?

라이마 Rayma (베네수엘라)

> "배우자로 그려지는 모습과
> 평생 겪어야 할 일상의 현실 사이의 대조가
> 너무도 극명하다."

엘리자베트 바댕테르

평등 107

글룩 Geluck (벨기에)

108　치마가 짧기 때문이라고요?

**아레스** Ares (쿠바)

평등 109

"여기서 남자는 제 양심을 내팽개친 채
위선의 몸짓을 취하고 있다!"

엘리자베트 바댕테르

세실 베르트랑 Cécile Bertrand (벨기에)

## 112 치마가 짧기 때문이라고요?

**카트린 보네즈** Catherine Beaunez (프랑스)

치마가 짧기 때문이라고요?

평등 115

노리오 No-rio (일본)

평등 117

크리스티나 Cristina (포르투갈)

# 가부장제

✎

"며느라期 :
사춘기, 갱년기처럼 며느리가 되면 겪게 되는
'며느라기'라는 시기가 있대. 시댁 식구한테 예쁨받고 싶고
칭찬받고 싶은 그런 시기. 보통 1, 2년이면 끝나는데
사람에 따라 10년 넘게 걸리기도, 안 끝나기도 한다더라고."

수신지(《며느라기》 저자)

**수신지**_ 평범한 일상 속에서 발견하는 작은 위로나 부조리한 사회상을 담아내지만 사실적으로 표현해 많은 이의 공감을 이끌어내는 일러스트레이터. 단행본 대표작인 《며느라기》는 "신혼인 여성이 평범해 보이는 일상 안에 깔린 가부장제의 폭력성을 인식해가는 과정을 거악에 대한 묘사 없이도 서늘하게 그려냈다"는 평을 받으며 '2017년 오늘의 우리만화'에 선정되었다.

❖ '가부장제' 주제로 묶인 수신지 작가의 그림은 원서에는 없으나, '세계의 카툰 페미니즘'이라는 이 책의 의미를 더하기 위해 추가한 것입니다.

이른바 '시월드'에 입성한 초보 며느리는 나서서 심부름을 한다. '이게 아닌데…' 하는 마음이 드는 것은 이미 그 일을 하고 난 다음이다. 가부장제 질서를 내면화한 여성의 생존법이다.

**수신지**(한국)

한국의 제삿날 며느리는 얼굴도 모르는 남편의 조상을 모신다. 시댁에 모여 전을 부치고 음식을 나른다. 남편은 편하게 앉아 그 음식을 받아먹는다. 어떤 집에서는 남편이 아내를 돕기도 할 테다. 그런데 누가 누구를 돕는 것일까?

**수신지**(한국)

# 찾아보기

쪽수는 그림이 수록된 면을 나타낸다.

Z (튀니지): p. 49
가토 Gatto (이탈리아): p. 42~43, 59
글레즈 Glez (부르키나파소): p. 50~51
글뤽 Geluck (벨기에): p. 106~107
나니 Nani (콜롬비아-에스파냐): p. 11, 17
나르디 Nardi (이탈리아): p. 103
노리오 No-rio (일본): p. 114~115
도넬리 Donnelly (미국): p. 81
도시코 Toshiko (일본): p. 78~79
드미렐, 셀쉬크 Demirel, Selçuk (프랑스): p. 27
딜렘 Dilem (알제리): p. 92
라이마 Rayma (베네수엘라): p. 57, 64~65, 104
란트슐츠, 도르테 Landschulz, Dorthe (독일): p. 20
로드리게스 Rodriguez (멕시코): p. 97
로마스코, 빅토리아 Lomasko, Victoria (러시아): p. 72
루 Loup (프랑스): p. 71
르브뉘 Revenu (프랑스): p. 28, 101
리베르 Riber (스웨덴): p. 12, 63
믹스&리믹스 Mix & Remix (스위스): p. 37, 73
바도 Vadot (벨기에): p. 82~83
베네딕트 Bénédicte (스위스): p. 35, 47, 77

베르트랑, 세실 Bertrand, Cécile (벨기에): p. 9, 111
보네즈, 카트린 Beaunez, Catherine (프랑스): p. 99, 113
볼리간 Boligán (멕시코): p. 85
샤파트 Chappatte (스위스): p. 74, 90
수신지 (한국): p. 119, 120~121
아레스 Ares (쿠바): p. 19, 39, 109
윌리스 프롬 튀니스 Willis from Tunis (튀니지): 앞표지, p. 25, 33
윌콕스 Wilcox (오스트레일리아): p. 94~95
지오 Jiho (프랑스): p. 44, 45
크롤 Kroll (벨기에): p. 10
크리스티나 Cristina (포르투갈): p. 32, 116~117
키츠카 Kichka (이스라엘): p. 68~69
텔내스, 앤 Telnaes, Ann (미국): p. 54~55
티뉴 Tignous (프랑스): p. 75, 80
플랑튀 Plantu (프랑스): p. 14, 23, 87, 89
피루제 Firoozeh (이란): p. 31, 40
피스메스트로비치 Pismestrovic (오스트리아): p. 91
하데러 Haderer (오스트리아): p. 60~61, 67
함자, 모님 Hamza, Monim (수단): p. 52~53

## 치마가 짧기 때문이라고요?

1판 1쇄 인쇄 2018. 9. 14.
1판 1쇄 발행 2018. 9. 21.

지은이 카투닝 포 피스
옮긴이 김희진

**발행인** 고세규
**편집** 박민수 | **디자인** 유상현
**발행처** 김영사
**등록** 1979년 5월 17일(제406-2003-036호)
**주소** 경기도 파주시 문발로 197(문발동) 우편번호 10881
**전화** 마케팅부 031)955-3100, 편집부 031)955-3200 | 팩스 031)955-3111

값은 뒤표지에 있습니다. ISBN 978-89-349-8340-8 03330

**홈페이지** www.gimmyoung.com  **블로그** blog.naver.com/gybook
**페이스북** facebook.com/gybooks  **이메일** bestbook@gimmyoung.com

좋은 독자가 좋은 책을 만듭니다.
김영사는 독자 여러분의 의견에 항상 귀 기울이고 있습니다.

이 도서의 국립중앙도서관 출판시도서목록(CIP)은 서지정보유통지원시스템 홈페이지
(http://seoji.nl.go.kr)와 국가자료공동목록시스템(http://www.nl.go.kr/kolisnet)에서
이용하실 수 있습니다.(CIP제어번호: CIP20182018028983)